by

jean
paul
gaultier

Fondation Cartier pour l'art contemporain   *ACTES SUD*

Sommaire
contents

conception et direction artistique /
concept and art direction:
Luca Stoppini

textes /
texts:
Gérard Lefort

photographies /
photographs:
Stefano Pandini

391.092 GAU

Baguette magique.
Magic Wand

Tout pourrait commencer par un refrain prélevé dans un vieille ritournelle de B.B. : « Ce soir, ce soir, je te préviens on déménage ! » À la façon donc d'une promesse et d'une menace. Car si déménager veut bien dire changer de maison, transporter ses meubles d'un endroit à un autre, le verbe signifie aussi perdre la boule, yoyoter de la cafetière. Car vivre sa vie dans une autre vie ne va jamais sans danger.

Quand, à la façon d'un jeu d'enfant, on pose à Jean Paul Gaultier la question : « **Que ferais-tu si tu changeais de métier ?** », il répond comme un coup de poing sur la table, en forme de banco : « **Boulanger !** »
A priori, à part le gag, la tocade, voire le premier symptôme d'une crise de démence, on ne voit pas le rapport entre la couture et la boulangerie, et encore moins le lien qui unirait Jean Paul Gaultier, « l'enfant terrible de la mode », à la pratique d'un artisanat dévolu au culte de la baguette et du croissant beurre. Sauf, du coton à la farine, le blanc peut-être, dont on sait depuis toujours, en tout cas depuis Freud, qu'il est la couleur du rêve. C'est d'accord, faisons un rêve...

Par exemple avec *La Femme du boulanger*, titre d'un des plus beaux films de Marcel Pagnol, mais qui pourrait aussi être l'intitulé d'une collection de Jean Paul Gaultier. Une femme du boulanger qui n'aurait pas besoin de faire des frais de toilette excessifs pour le jour de son mariage puisqu'avec ses tabliers de coton blanc bricolés en traîne, son caraco de crêpes dentelle et son bustier en osier tressé, elle ferait la plus belle des mariées, un amour de porteuse de pains. En bijou à son cou, une rivière de chouquettes ; en poudre de maquillage, toute la farine bise ; à son doigt de fée, une bague en véritable faux rubis prélevée dans un distributeur « Plaisir d'offrir – Joie de recevoir ». Avec en mémoire et pour modèle la bague que Peau d'âne glisse en guise de fève dans le cake d'amour destiné à séduire le prince.

Nous y voilà car il n'y a pas meilleure façon de raconter Jean Paul Gaultier, et ses idées qui déménagent, que le conte de fée.

Il était une fois un jeune homme (appelons-le Jeune Homme), qui rêvait de devenir Jean Paul Gaultier. C'est-à-dire : dessiner des robes, habiller les plus belles filles du monde, passer à la télé, devenir l'ami de Madonna... Mais ses parents n'étaient pas d'accord, car ils n'aimaient ni la télé ni Madonna. Alors ils obligèrent Jeune Homme à un dur apprentissage : la boulangerie.

It could all start off with a refrain from an old tune by Brigitte Bardot: "Tonight, tonight, I want you to know, we're moving out!" In other words, with a promise or a threat. While "to move" means to change houses, transport one's furniture from one place to another, in French this jolly old verb also means to go out of one's mind, to have bats in the belfry. For living one's life in another life is always a risky undertaking.

When you ask Jean Paul Gaultier, playfully, as kids do, **"What would you like to be if you could change jobs?"** his answer resounds like a fist thumped down on the gaming table: **"A baker!"** At first—except in jest, or as a whim, or indeed an early sign of mental derangement—one finds it hard to see what kind of connection there could be between sewing and baking, or even what might link Jean Paul Gaultier, the "bad boy of fashion", to an artisan trade dedicated to the cult of French bread and buttery croissants. Unless, perhaps, it is the whiteness of both cotton and flour, for as we know, at least since Freud, white is the color of dreams. So let us dream...

Take, for example, *The Baker's Wife*. The title of this magnificent film by Marcel Pagnol could also lend itself to a designer collection by Jean Paul Gaultier. A baker's wife who, for her wedding day, would not have to spend much on her wardrobe. With her white cotton aprons stitched into a train, her camisole of delicate crêpes and her wickerwork bustier, she would make the loveliest of brides, a delightful bringer of bread. For jewelry, she would wear a riviere of little sugar buns around her neck; brown flour would powder her nose; a genuine fake ruby ring obtained from a "Pleasure of Giving—Joy of Receiving" vending machine would grace her nimble fingers, a memento styled after the ring Donkeyskin slips like a charm into the philter cake she makes to seduce the prince.

Precisely. For what better way to talk about Jean Paul Gaultier and his ideas that "move"—or blow—the mind than... the fairy tale.

Once upon a time there was a young man (let's call him Young Man) who dreamed of being Jean Paul Gaultier. In other words, of designing clothes, dressing up the world's most beautiful women, appearing on television, having Madonna for a friend... But his parents were against it because they didn't like TV, or Madonna, for that matter. So they made Young Man learn a hard trade:

Deux ans d'études le nez dans la poussière, les joues en feu au plus près des fourneaux, les bras plongés jusqu'aux coudes pour mélanger farine, eau, sel et levain, deux ans à enfourner et défourner, deux ans pour apprendre qu'« être dans le pétrin » est une expression qui mérite sa réputation. Tout ce temps aussi pour découvrir que derrière un vocabulaire mystérieux où *contre-frase* le dispute à *fleurage*, se cachent bien des tours de main, bien des secrets et autant de magie. Ensuite l'apprentissage sur le terrain. Deux ans de plus dans une boulangerie, où Jeune Homme devenu mitron ne verra littéralement pas le jour, confiné dans un sous-sol suffocant où, hiver comme été, la température ambiante oscille entre trente et trente-cinq degrés. Toutes ces journées qui commencent en pleine nuit et se terminent au petit matin pour satisfaire les zélateurs de la baguette encore tiède et des croissants tout chauds. Jeune Homme travaille dur et, le visage maquillé par la farine, a tout le temps mauvaise mine (mauvaise mie ?). Jeune Homme a parfois des envies de mordre. Son patron est très dur avec lui lorsqu'il a pétri la pâte à l'envers ou ne sait plus faire la différence entre la baguette, le bâtard, la flûte, la ficelle ou le saucisson. Il lui vient alors des larmes qui creusent des rigoles salées dans ses joues enfarinées. Il a des envies de mourir aussi, de se jeter au fin fond du four au plus fort des flammes : périr doré.

Jeune Homme est si triste ce matin après la dernière fournée. Pourtant, il fait bon dans le fournil ; les autres apprentis viennent de s'en aller, le patron est monté à la boutique pour boire son café tout en blagassant avec la patronne, le four ronronne à cuire quelques brioches dodues qu'on vendra dans l'après-midi, le soleil glisse ses rayons matinaux par les barreaux du soupirail. Il fait bon. Jeune Homme a sommeil, il se fait un lit de quelques sacs de farine, la chatte Pomponnette saute sur ses genoux. Jeune Homme s'endort tout de suite, la bête tiède pelotonnée sur son estomac…

Mais à peine a-t-il fermé les paupières qu'il les rouvre tout de suite, réveillé par un bruit sourd (Toc toc !) puis d'autres (Pic pic ! et Zap zap !). Jeune Homme a maintenant les yeux grand ouverts. Il a entendu distinctement qu'on s'affairait dans le fournil bien qu'il n'y voie pas âme qui vive. Jeune Homme écarquille les yeux, entrouvre la porte du four pour que le feu donne un peu de lumière dans la caverne. N'était la persistance des bruits (celui-ci comme le cri d'une étoffe qu'on déchire, celui-là comme le cliquetis d'une machine à coudre), il croirait bien rêver. Et il n'y a pas que Jeune Homme qui soit aux aguets. Pomponnette l'est aussi qui, arc-boutée sur ses pattes, a rentré la tête dans les épaules et hérissé les poils de sa queue. Elle aussi entend quelque chose qu'on ne voit pas. Mais Jeune Homme a beau soulever les paniers d'osier, déplacer des cageots, allumer en grand les tubes au néon, rien n'y fait, il n'y a que ces

he was apprenticed to become baker. Two years of studying with his nose full of dust, his cheeks scorched by the ovens, up to his elbows mixing flour, water, salt and leaven, two years of shoving bread into the oven and taking it out, two years of learning the hard way why the French say they are "in a kneading trough" when they are in a pickle. It took him that long, as well, to discover that behind the arcane jargon—a smorgasbord of words like *contre-frase* ("thrilling" the dough in the opposite way) and *fleurage* (flour that keeps the dough from sticking)—lay much skill or sleight of hand, many secrets and a good deal of magic. Then came the hands—on apprenticeship. Two years in a bakery where Young Man, now a baker's boy, would literally never see the light of day, confined to a stifling basement where, winter and summer, temperatures hovered between 30°C and 35°C. Workdays that began in the middle of the night and finished in the wee hours of the morning to satisfy the devotees of still-warm-from-the-oven baguettes and hot croissants. Young Man worked hard. His face powdered with flour, he always looked like a paleface (doughface?), rather wan. At times he felt like snapping out, when his boss would chastise him for kneading the dough the wrong way or when he could no longer make out the difference between a baguette, a *bâtard* (short baguette), a *flûte* (thin baguette), a *ficelle* (extra-thin loaf) or a sausage. Tears would make salty grooves in his floury cheeks. And he would think of ending it all, of stoking the flames and thrusting himself into the oven: a toasty death.

This morning, after finishing the last batch, Young Man is feeling a little blue. Even though it feels nice and warm in the bakehouse, the other apprentices have just left, the boss is drinking his coffee upstairs in the shop, guffawing with his wife, the oven is humming contentedly with the plump brioches to be sold in the afternoon, the sun's early morning rays are creeping through the grating of the air vent, how nice and warm it is… Feeling sleepy, Young Man piles up some flour sacks to make a crash pad for himself. Pomponnette the pussycat jumps up him. Young Man immediately falls asleep with the cat curled up on his stomach…

But he has barely drifted off when he suddenly opens his eyes, startled awake by muffled sounds: Toc toc! and then Pic pic! and Zap zap!. Young Man's eyes are now wide open. He distinctly heard some kind of activity going on in the bakehouse, but he can't see a living soul. Young Man sharpens his eyes and opens the oven door a crack to let the fire throw some light into the cavernous cellar. If the noises weren't so persistent—the shriek of fabric being torn, or the sounds of a sewing machine—he'd think he was dreaming. But Young Man isn't the only one on the alert. Pomponnette is arched up on her paws, her head pulled in between her shoulders, the hair on her tail standing on end. She also hears

bruits étranges, des bruits, – comment dire ? – de souris. Ce qui ne colle pas avec la présence de Pomponnette qui empêche les rongeurs de s'approcher du pain. Jeune Homme pense alors à ce dessin animé bien aimé où un atelier de petites souris s'affaire autour de Cendrillon pour lui confectionner une toilette de princesse. Cette belle histoire le fait bailler de plaisir ; de nouveau, le sommeille le gagne. Jeune Homme réinstalle sa couche de fortune et s'y allonge. Il appelle Pomponnette pour qu'elle le rejoigne. Mais non, Pomponnette ne vient pas. Pomponnette fait encore le gros dos devant un établi pourtant vide. Juste avant de sombrer dans le sommeil, Jeune Homme croit entendre une phrase, quelque chose comme « Eh bien, on a du pain sur la planche ! », mais il n'en est pas sûr.

Jeune Homme dort, la bouche ouverte, pâle dans son lit blanc. Il fait un somme, quiet, quand bien même Morphée, vieil ami de Rimbaud, lui murmurerait un poème mélancolique intitulé « Les Effarés » :

Noirs dans la neige et dans la brume,
Au grand soupirail qui s'allume,
Leurs culs en rond,

À genoux, cinq petits, – misère ! –
Regardent le boulanger faire
Le lourd pain blond...

Ils voient le fort bras blanc qui tourne
La pâte grise et qui l'enfourne
Dans un trou clair.

Ils écoutent le bon pain cuire.
Le boulanger au gras sourire
Chante un vieil air. [...]

Jeune Homme pense que, de cet air, on pourrait faire une chanson, que Charles Trenet serait idéal pour la mettre en musique (une polka peut-être ?) lui qui a déjà si bien vanté les amours de la belle Babée et du beau Boby, débit de lait, débit de l'eau. « Ah qu'il est beau le débit de lait ! Ah qu'il est laid le débit de l'eau ! »
Mais c'est une autre histoire de douce France qui l'attire déjà. Elle est souveraine au bras de son mari le Roi, si jeune et déjà si méchante. Serait-elle aussi mauvaise si elle savait qu'elle allait être la dernière reine de France ? Mais, pour l'heure, c'est l'émeute qui gronde sous les fenêtres de son château de Versailles. Le peuple a faim, le fait savoir à grands cris et réclame du pain. Elle aurait dit alors, avec son fort accent autrichien : « S'ils n'ont pas de pain, qu'ils mangent de la brioche ! » C'est peut-être faux, c'est cependant plausible en cette époque d'inconscience politique où tous ces cous nus de l'aristocratie se prolongeaient en des échafaudages de perruques infinies comme autant de provocations à la guillotine. De l'anecdote de la brioche restera un surnom qui collera à la peau de Marie-Antoinette jusqu'à ce

something which no one can see. But even though he looks under the wicker baskets, moves the crates, flips on the neon lighting, Young Man finds nothing. Just those strange noises that sound like—like what? Like mice. Which seems odd with Pomponnette there since her job is to keep rodents away from the bread. That reminds Young Man of a favorite animated film in which a work crew of mice are busy dressing Cinderella up as a princess. Young Man yawns with pleasure thinking of that wonderful story, and starts feeling drowsy again. He adjusts his makeshift bed and literally hits the sack. He calls Pomponnette to come join him. Pomponnette doesn't come. Pomponnette is still arching her back in front of a workbench that, however, is empty. Just before he falls asleep, Young Man thinks he hears something like "Well, it's not going to be a piece of cake!", but he isn't sure.

Young Man is asleep with his mouth open, pallid in his white bed. He slumbers peacefully, even as Morpheus, an old friend of Rimbaud's, murmurs a melancholic poem in his ear called "The Bewildered":

Dark against the fog and snow,
Around the huge air vent's glow,
Their asses in a circle,

Five kneeling urchins—wretched!—
Watch the baker making
Loaves of heavy golden bread...

They see the strong white arms knead
The grayish dough and put it into
The oven's bright hole.

They hear the good bread baking.
The baker with a fat grin
Singing an old air.[...]

Young Man thinks this air could be turned into a song and that Charles Trenet would be the perfect person to put it to music (to a polka, maybe?), since he so admirably enshrined the love between beautiful Babée and handsome Boby, the milkmaid and the water boy, in his ballad, "How merry is the dairy shop! How scary is the water stop!"
But he is already being lured away by another story of lovely France. She is supreme on the arms of her husband the King, so Young and yet so cruel. Would she be so mean if she knew she was going to be the last queen of France? But right now mobs are rioting outside the windows of her chateau in Versailles. The people are hungry, and they are being very vocal about it, crying out for bread. She allegedly said at that point, in her strong Austrian accent: "If they have no bread, let them eat brioches!" That may not be true, but it was plausible back then, in that age of political unconsciousness, when the naked necks of the aristocracy were stretched out

qu'elle perde la tête. Elle sera rebaptisée la boulangère, son mari Louis, le boulanger, et leur enfant, le petit mitron. Ces sobriquets sont alors une blague presque bienveillante ; ils deviendront tantôt une tragédie quand la famille royale reviendra sans panache de Varennes, travestie non pas en boulangers mais en ces bourgeois parvenus qui font contre eux la révolution.

Comme un petit bonheur la chance, l'imagination est dans le pré, cours-y vite, elle va filer. Maintenant Jeune Homme s'est mis à table dans un méchant cabanon en bois. En face de lui, il y a un drôle de petit bonhomme avec les cheveux bouclés en désordre et un brin de moustache sous les narines. On dirait un vagabond, on l'appelle Charlot. Pour amuser Jeune Homme et tromper sa tristesse, Charlot invente la danse des petits pains. Il pique une fourchette dans un petit pain long, puis une autre fourchette dans un autre. Voilà les jambes. Et les petits pains sont comme des chaussures, ou plutôt des ballerines quand Charlot les fait danser, virevolter, faire des pointes. Jeune Homme rit de bon cœur ; Charlot en a les larmes aux yeux. Surgit alors dans l'esprit de Jeune Homme une photo merveilleuse prise dans les années 50, représentant Picasso en marinière à rayures blanches et bleues, assis lui aussi à une table avec, en guise de mains et de doigts, des petits pains posés devant lui. Jeune Homme se demande si Picasso, avec sa lueur de malice dans les yeux, ne rend pas ainsi hommage à Chaplin. Jeune Homme se demande aussi si, entre la marinière à rayures, Picasso, les petits pains et Charlot, la solution de l'équation ne s'appelle pas Jean Paul Gaultier…

Mais bon, pas le temps de s'éterniser ; il y a déjà une autre aurore à rêver. Le jour se lève sur la banlieue sud de Paris, vers Arcueil peut-être. Nous sommes en 1958, un petit garçon qui semble descendu d'une photographie de Doisneau est parti faire les courses de petite épicerie pour sa grand-mère adorée. Tous les petits commerçants sont là comme dans une rue de la joie idéale : le boucher rougeaud qui fait un peu peur (tout ce sang répandu sur son tablier, c'est quand même triste), le poissonnier tout sec qui a étalé ses poissons d'argent sur la glace (il coupe la tête des lottes dont les joues sont excellentes mais dont la gueule effroyable ferait reculer le client), la fleuriste Chez Martine (qui se prénomme Solange mais qui dit Martine, dit Carole, alors…), le marchand de couleurs (sa façade polychrome est comme une aile de papillon cubiste, un Mondrian sans le savoir), le bar-tabac (« À la civette », avec sa carotte rouge si belle la nuit quand un néon blanc vient en souligner la silhouette), le maraîcher et ses blagues sur les salades que le petit garçon ne comprend pas toujours (« Laitue ? Oui, mais ce n'est pas une raison pour me tutoyer »), l'épicier, monsieur Ali qui, un jour de très grosse tempête, a empêché que le petit garçon si menu ne s'envole en le lestant d'une grosse boîte de

with endless piles of wigs—as if to tempt the guillotine. This anecdote earned Marie-Antoinette a nickname that would stick with her until she finally lost her head: she would be called the baker's wife, her husband Louis, the baker, and their child, the baker's boy. At the time, these epithets were merely a benevolent sort of raillery, presaging, however, the tragedy to come when the royal family would return unceremoniously from Varennes not, in fact, as bakers, but disguised as the upstart bourgeois who were fomenting the revolution against them.

Trying its luck, imagination is running wild, has broken free, chase after it or it will flee. Young Man is now sitting at the table in a rustic wooden cabin. Across from him is a funny little man with a curly mop of hair and a streak of a moustache under his nose. He looks like a vagabond, his name is Charlie Chaplin. To amuse Young Man and dissipate his blues, Charlie makes up the dance of the bread rolls. He sticks one fork into a long roll and another fork into another roll. Those will be the legs. The little rolls will be the shoes, especially ballet shoes when Charlie makes them dance, do pirouettes, and stand on their toes. Young Man laughs heartily, Charlie has tears in his eyes. Young Man then thinks of a marvelous photograph from the 50s of Picasso sitting at a table in a blue-and-white striped sailor's blouse with bread rolls laid out in front of him like hands and fingers. Young Man wonders whether Picasso, who has a mischievous twinkle in his eyes, is paying tribute to Chaplin? Moreover, with the striped sailor's blouse and Picasso, plus the little rolls and Charlie, Young Man wonders whether the answer to the equation might not be Jean Paul Gaultier…

But it's time to get moving again. Another dream is already dawning. The sun's rays have reached the suburbs south of Paris, somewhere near Arcueil. It is 1958, a little boy who might have walked straight out of a Doisneau photograph has just gone out to run a few errands for his dear grandmother. A cheerful row of shops lines what appears to be an idyllic little Main Street: the red-faced butcher, who is kind of scary (all that blood on his apron is rather grim); the fishmonger, gaunt and stringy, laying his silvery fish out on the ice (he beheads the monkfish which has such tasty cheeks, but whose repulsive features would frighten the customers away); Martine's flower shop (her first name is Solange, but when you think of Martine you think of Carole, so…); the paint shop (whose colorful front is like a cubist butterfly wing, an unwitting Mondrian); the tobacconist-bar (the tobacco counter with its red carrot-shaped sign lit up so alluringly at night by a white neon light); the produce man who cracks vegetable jokes that the boy doesn't always get ("Lettuce? Sure, but let us what? What shall we do?"); the grocer, Mr. Ali, who once, to keep the scrawny kid from blowing away during a big storm, weighted him down by putting a giant can of

petits pois dans chaque poche, madame Quentin, la libraire (là, on saute, car elle interdit qu'on lise Tintin dans sa boutique si on ne l'achète pas), mademoiselle Marie-Louise, la modiste (cette fois, on ne saute pas, et on passe même un temps fou à scruter ses vitrines de surréaliste où les ciseaux sont métamorphosés en soldats qui défilent en levant la jambe et les bobines de fil en tailles de guêpe pour danseuses multicolores), enfin, et surtout, c'est le but, la boulangerie qui fait aussi pâtisserie (c'est écrit dessus). Super, il y a la queue ! Ce qui laisse tout le temps au petit garçon pour faire le point sur les confiseries : les roudoudous dans des coquillages à lécher, la poudre de réglisse dans des pailles, les bonbons effervescents sous la langue, les Carambar, ça va de soi, et évidemment les Malabar à bulles roses. Il voit aussi le cuivre lustré des étagères où l'on sert le pain, les panières en osier où transite la fournée montée toute tiède de la cave, les croissants enchâssés les uns dans les autres comme des petites cuillères rangées dans un tiroir, le chapeau rond et brillant des brioches, le rouleau des pains au chocolat qui sont comme les volutes d'une perruque, la farine qui poudre le bout du nez de la boulangère. Il voit tout ça et du coup, n'entend pas que c'est son tour : « Bonjour, Jean Paul », dit la boulangère. Le petit garçon se prénomme Jean Paul, quelle étonnante coïncidence. « Comme d'habitude, pour ta mémé ? Une ficelle pas trop cuite et une viennoise pour le goûter ? Ça fait 140 francs mon petit gars. » Jean Paul tend son billet de 500, ramasse les deux pains, sort de la boulangerie.

– Jean Paul, Jean Paul (c'est la voix de la boulangère), reviens ! Tu as oublié ta monnaie ! Jean Paul !

Jeune Homme ouvre brusquement les yeux ; une dernière fois, il entend le cri de la boulangère à ses oreilles : « Jean Paul, réveille toi, c'est l'heure ! »

Jeune Homme s'est levé d'un bond, une rosée de sueur au coin des tempes. Il reconnaît bien le fournil mais plus du tout ce qu'il y a dedans. On dirait une féerie, un film de Jean Cocteau, une fantaisie de Christian Bérard, un jour de fête. Car les baguettes sont devenues des jupes en corolle, les tartines de pain de mie, les volants d'un fourreau, les fougasses, des capelines, l'osier, l'armature d'un bustier, les escarpins, des « escarpains ». Même Pomponnette a changé. On dirait le chat du marquis de Carabas, le chat aux bottes de sept lieues, ou celui d'Alice, le chat de Chester, le chat au sourire. C'est aussi merveilleux que la maison de dame Tartine, c'est un palais de pain, fuselé d'or à cause de la croûte, et d'argent à cause de la farine saupoudrée.

Voilà ce qui s'est passé : il était une fois un jeune boulanger qui rêvait de Jean Paul Gaultier qui rêvait d'un jeune boulanger qui rêvait de Jean Paul Gaultier.

Autrement dit : quand il sera grand, Jean Paul sera Gaultier, le « magicien d'Ose », le rêve continué.

peas in each of his pockets; Madame Quentin, the bookseller (we'll skip her, she won't let you read comic books in her shop unless you buy them); Miss Marie-Louise, the milliner (we won't skip her, we'll even dally in front of her surrealist window display where scissors have been transformed into marching soldiers with one leg up and hour-glass shaped spools of thread made into multicolored dancers). And finally—our goal—the bakery, which is also a pastry shop (it's written outside). Great, there's a line! That will give the boy time to check out the sweets: the *roudoudous*, hard candies that are licked out of seashells, licorice powder in straws, candies that fizz under the tongue, caramel bars and, of course, pink bubble gum. He also sees the shiny copper shelves where the bread is stacked, the wicker baskets used to bring the warm loaves up from the cellar, the croissants snuggling back-to-front like little spoons in a drawer, the shiny, round caps of the brioches, the chocolate-filled rolls that look like curls on a wig, the nose of the baker's wife powdered with flour. He is so busy looking at all of this that he doesn't notice that it's his turn: "Good morning, Jean Paul", says the baker's wife. The boy's name is Jean Paul, what an extraordinary coincidence. "For your grandma, as usual? A lightly-baked *ficelle* and a *viennoise* for her afternoon snack? That'll be 140 francs, little man." Jean Paul gives her his 500-franc bill, takes the bread and the pastry and trots out of the bakery.

"Jean Paul, Jean Paul!" (The voice of the baker's wife.) "Come back! You forgot your change, Jean Paul!"

Young Man's eyes suddenly fly open. He hears the baker's wife calling him once more: "Jean Paul, wake up, it's time to wake up!"

Young Man jumps up, a few drops of sweat dampening his brow. He recognizes the bakehouse, but not what it contains. It looks like a wonderland, a film by Jean Cocteau, a fantasy by Christian Bérard, a holiday celebration. For the baguettes have become flared skirts, the slices of bread, flounces on a dress, the *fougasses*, wide-brimmed hats, the wicker baskets, underwiring for a bustier, and dainty court shoes have become pumps made of bread. Even Pomponnette has changed. She looks like Puss in Boots, the cat in seven-league boots, or Alice's cat, the smiling Chesire cat. It's as enchanting as the palace of the Sugar Plum Fairy, a bread castle finished off in gold because of the crust and in silver because of the sprinkled flour.

This is what happened: once upon a time there was a young baker who dreamed of Jean Paul Gaultier who dreamed of a baker who dreamed of Jean Paul Gaultier. In other words, when he grows up Jean Paul will be Gaultier, the Wizard of Oz, the continuation of the dream.

Translated from French by Jennifer Kaku

Suzanne à la boulangerie.
Suzanne at the Bakery

La scène doit se situer à peu près à mi-parcours de *Mon Oncle* de Jacques Tati. La sœur de monsieur Hulot a réuni quelques amis dans le jardinet de son pavillon top-moderne pour s'y pâmer devant une pièce d'eau dernier cri où trône un poisson en tôle dont la gueule pissote d'un jet plus que capricieux. Pour faire mine de s'intéresser à la conversation, et surtout cesser de faire des bêtises avec le pistolet à sauce de la cuisine, monsieur Hulot s'inquiète d'une dame très madame :
– « Et vous ma chère? »
– « Oh, moi, dit-elle, j'habite dans une grande baraque là-bas… »
Il n'y a pas que la réplique qui soit hilarante, il y a aussi le ton (snobissime), le geste (las) et la silhouette de cette Madame Bovary des années 60 (tailleur à la manière de Dior).
Quand Suzanne pour Jean Paul Gaultier, et en Gaultier, fait ses courses dans quelque boulangerie parisienne, il y a un peu du fantôme de Jacques Tati qui rôde. Quelque chose aussi de la fameuse bande dessinée *Lili* (Lili achète sa baguette) ou de la non moins patrimoniale série de livres pour petites filles faussement modèles : Martine fait ceci, Martine fait cela ; en l'espèce : Martine va à la boulangerie.
Autant dire un mélange d'enfance (de l'art) et d'humour (fou). Dans *Mon Oncle*, monsieur Hulot avait un jeune neveu qui assistait à toutes ses facéties, témoin à la fois médusé, rieur et ravi. Ce petit garçon s'appelait Gérard. Il aurait pu aussi bien se prénommer Jean Paul.

The scene must be about halfway through Jacques Tati's film, *My Uncle*. Mr. Hulot's sister has invited a few friends out into the garden of her ultramodern house to gush over the latest fashion in ponds. This one has a metal fish spouting very fitful spurts of water out of its mouth. In order to appear interested in the conversation, but mainly to stop fooling around with the sauce gun from the kitchen, Mr. Hulot inquires of a lady with the airs of a grand lady.
"And what about you, my dear ?"
"Me ?", she says, "Oh, I live in a big pad over there…"
It is not only the reply that is hilarious, but the tone (extremely snobby), her gesture (weary), and the appearance of this Madame Bovary of the 60s (in a Dior-style of suit).
When Suzanne goes out to make purchases for Jean Paul Gaultier, dressed in Gaultier, in a Parisian bakery, there is a hint of Jacques Tati in the air. There is something, as well, of the famous *Lili* comic books ("Lili Buys A Baguette") and of that other classic series of French books for hypocritically perfect little girls: "Martine Does This", "Martine Does That", and in this case, "Martine Goes To The Bakery".
In other words, a combination of child's play and crazy humor. In *My Uncle*, Mr. Hulot had a young nephew who observed all of his uncle's capers with fascination, glee and delight. That little boy was named Gérard. His name might just as well have been Jean Paul.

Haute Couture
Automne / Hiver
2003 / 04
Passe-passe :
robe combine en
mousseline
marron
et chantilly
Le corps sait :
gaze peau
et chantilly
marron
à corset

Haute Couture
Fall/Winter
2003/04
Passe-passe:
slip dress in
brown
mousseline
with chantilly
lace trim
Le corps sait:
sheer body-
stocking in
skin-colored
gauze and
brown
chantilly
lace

Prêt-à-porter
Printemps / Été
1983
Classique :
robe corset
en satin
chair

Ready-to-Wear
Spring/Summer
1983
Classique:
corset dress
in peach
satin

Prêt-à-porter
Automne / **H**iver
1984 / 85
Robe corset
à seins coniques
en velours
violet

Ready-to-**W**ear
Fall/**W**inter
1984/85
Corset dress
in violet velvet
with conical
cups

Prêt-à-porter
Automne / **H**iver
1989 / 90
Robe longue
anatomique
en lurex
argent

Ready-to-**W**ear
Fall**/W**inter
1989/90
Long bodysuit
dress
in silver
Lurex

**Haute Couture
Printemps / Été
2000**

Lascar :
robe à bandes
« pull marin »
en tricot de soie
navy et ivoire
prolongée
de plumes
d'autruche
laquées en
rayures

**Haute Couture
Spring/Summer
2000**

Lascar:
knitted silk dress
with
navy and ivory
sailor's stripes
layering into
bands of
lacquered
ostrich
feathers

Si l'on pratiquait un test à l'aveugle, il est peu probable que la plupart des instruments du boulanger seraient identifiés comme tels. De même pour les outils de la couture. Sans compter sur les faux-amis, puisqu'il peut s'avérer que cette roulette à faire des trous ne sert pas du tout à percer le tissu mais bel et bien à piquer et aérer la pâte à tarte. Et si pour compliquer l'épreuve de reconnaissance, on mélangeait les deux sortes d'outils sur le même établi, gageons que la confusion serait alors à son comble puisque rien ne ressemble plus à une raclette de boulanger, servant à décoller la pâte du marbre, que telle autre raclette de couturier, servant à dépelucher la laine. Ce qui tendrait donc à prouver que la spécificité des instruments de travail relève plutôt de leur usage que de leur apparence. Dans les limites de leur utilité cependant, car on imagine mal, sauf envie de pugilat comique, que, bien que la **mousseline** ne désigne pas seulement une fameuse purée mais aussi une qualité de soie, on se mette à fouetter à la fourchette un métrage de tissu pour obtenir cet effet. On notera cependant, dans le même esprit, que **tarlatane** ou **singalette** pourraient être des noms de pâtisserie. Dans le camp adverse, même en suivant un pointillé imaginaire, on n'envisagerait guère de découper des croissants aux ciseaux pour les vendre. On appréciera pourtant que le mot **crêpe** désigne aussi bien une fine galette à manger qu'un tissu léger de soie à porter sur soi, et que lorsque les crêpes pâtissières se veulent légères elles sont appelées **dentelle**.

Autant dire que, si correspondance il y a entre l'atelier de couture et celui de la boulangerie, le lien est à la fois plus ténu et souterrain, voire poétique, comme cette fameuse rencontre, chère à Lautréamont, « sur une table de dissection d'une machine à coudre et d'un parapluie ! » Quelle que soit leur affectation, il faut considérer la beauté des instruments du travail, à nu et au repos, qu'ils gisent sur un coin de table ou qu'on les ait suspendus à un crochet. Autant de formes géométriques, abstraites, qui appellent le détournement anthropomorphique quand on croit dénicher une tête de femme au sommet d'un écouvillon ou des cheveux hérissés en épi dans une boîte à épingles. Photographiés dans le studio de création de Jean Paul Gaultier, chez les Compagnons du Devoir à Paris ou à l'École Française de Boulangerie d'Aurillac, ces instruments en nature morte sont comme les totems d'un musée de collages imaginaires dont rêvèrent les surréalistes. Des machines célibataires dont on retrouverait l'esprit sur quelque marché africain à Cotonou ou à Bamako quand des artistes du cru, avec les moyens du bord, inventent là statuette d'un bonhomme élégant.

Une forme de beauté linguistique aussi puisque, au fil d'une promenade dans les ateliers de la création, qu'elle soit boulangère ou couturière, on découvre avec délice que chaque chose a un nom, chaque instrument une identité précise. Et il est plus que plaisant de se perdre en conjectures à essayer de deviner à quoi sert le **rouable** (en boulangerie) ou la **lézarde** (en couture). Bien plus, ce sont les gestes, les tours de main qui eux aussi se disent de façon très singulière : ainsi, dans la couture, on apprend que **paumoyer** consiste à ramasser les plis d'un tissu en

If we were to do a blind test, most of the utensils used by bakers would probably not be identified as such. The same goes for the different instruments used in sewing. To further confuse matters, there are false friends, for example, the little serrated wheel which is not used for punching holes in a piece of material but for pricking holes in the pastry crust to let air in. And if we were to make things even more complicated by putting both sets of instruments on the same worktable and mixing them up, we can be sure that there would be utter confusion because nothing resembles one scraper—used by a baker to remove dough from the marble—more than another scraper—used by a seamstress to remove fuzz from wool. Which would tend to prove that the specificity of a work tool lies not its appearance but in its use. As far as it is practical, of course, for although **mousseline** describes a familiar type of purée as well as a certain kind of silk, it would be hard to imagine—unless one wanted to get involved in a comic struggle—taking a fork and whipping a piece of material in order to obtain such an effect. It is to be remarked, however, that **tarlatan** and **"singalette"** are names that may also be used for pastries. In terms of baking, it would be equally unthinkable to take a pair of scissors and—even along an imaginary dotted line—cut out croissants in order to sell them. We will note, however, that **crêpe** designates both a thin pancake which can be eaten as well as a light silky fabric which can be worn, and that extremely fine dessert crêpes are called **lace**.

In other words, if there are analogies between the activity of sewing and that of baking, what links them is both subtle and subterranean, or indeed poetic, like the famous encounter, so dear to Lautréamont, "between an umbrella and a sewing machine on a dissecting table!" For example, one thing that should be considered is the aesthetic beauty of the work tools, whatever their purpose, as naked objects at rest, whether lying on a table or hanging on a hook. A multitude of abstract, geometrical forms which we anthropomorphize when we fancy seeing a woman's head on top of a brush or spiky hair on a pin cushion. Photographed in Jean Paul Gaultier's design studio, at the Compagnons du Devoir headquarters in Paris or at the French Baking School in Aurillac, these still-life instruments are like totems in a museum of imaginary collages dreamed up by the Surrealists. One-of-a-kind machines, whose twin souls may be found on African markets in places like Cotonou or Bamako where local artists use their imagination and whatever is at hand to fashion elegant statuettes.

There is also a kind of linguistic beauty that delights us when we discover, in exploring the workrooms where the baked or sewn goods are created, that each thing has a name, each instrument, a specific identity. What great fun it is to try and unravel the mystery, to try to guess what a **"rouable"** is used for (in baking) or a **"lézarde"** (in sewing). Then there are the hand skills, the manual operations that also have peculiar names: thus, in sewing, we learn that **"paumoyer"** consists of gathering pleats in a piece of voile, that **basting** (sewing with large stitches) is not the same as **whipstitching** (a stitch that goes

Manuel de savoir-faire.
Manual of Practical Knowledge

suite p. 34 /
continued on p. 34

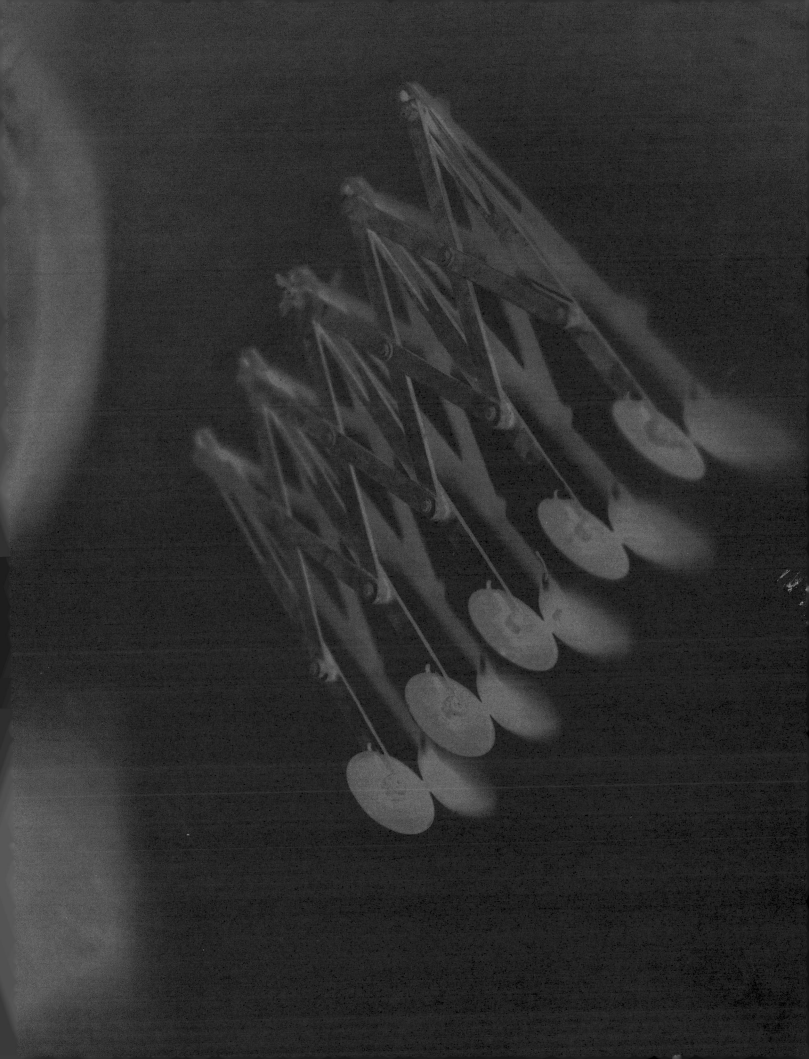

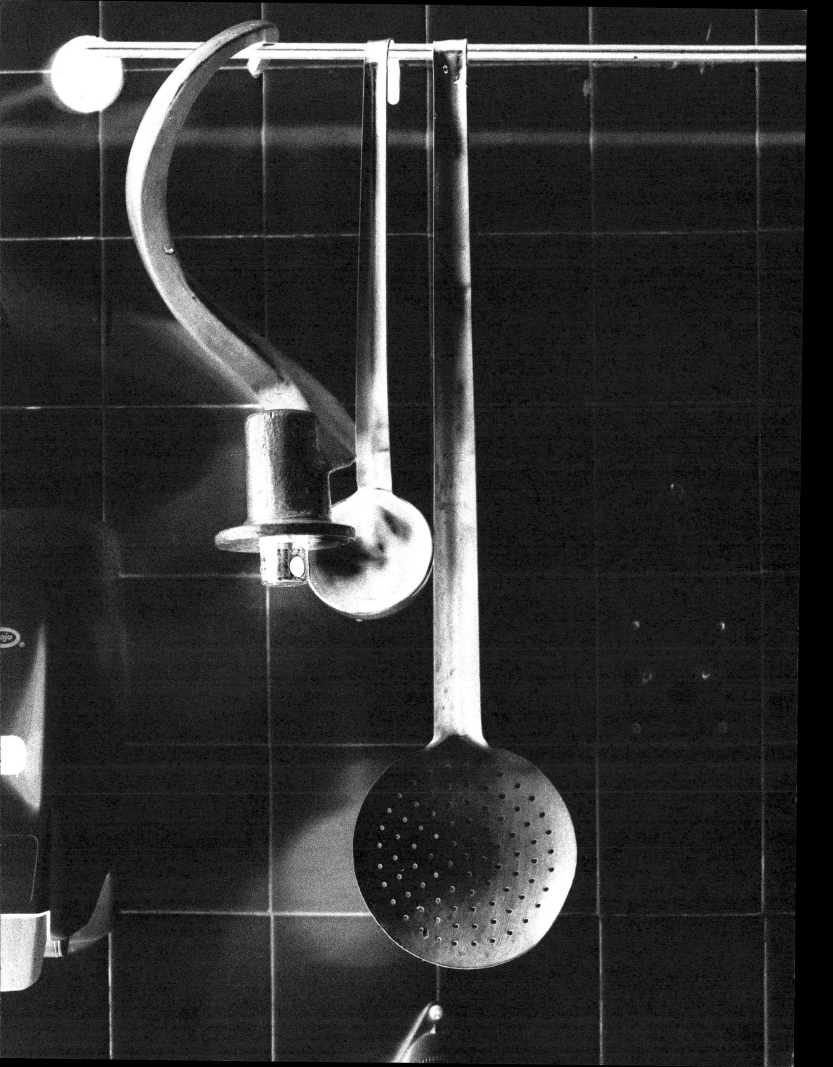

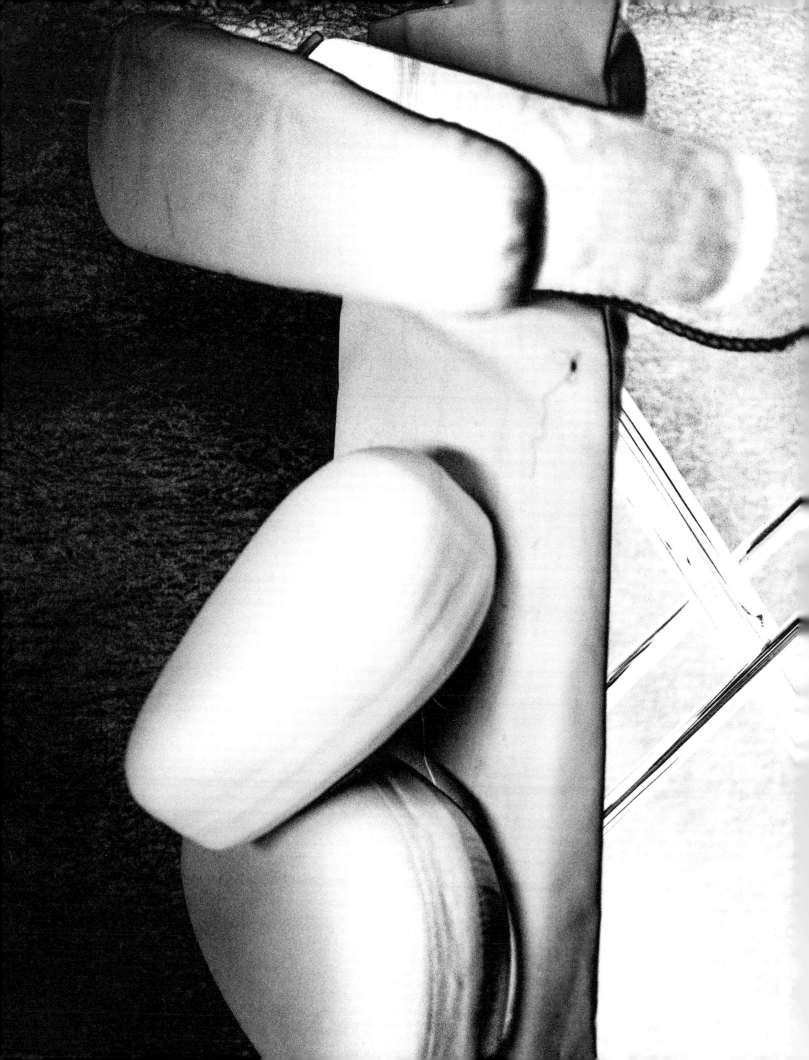

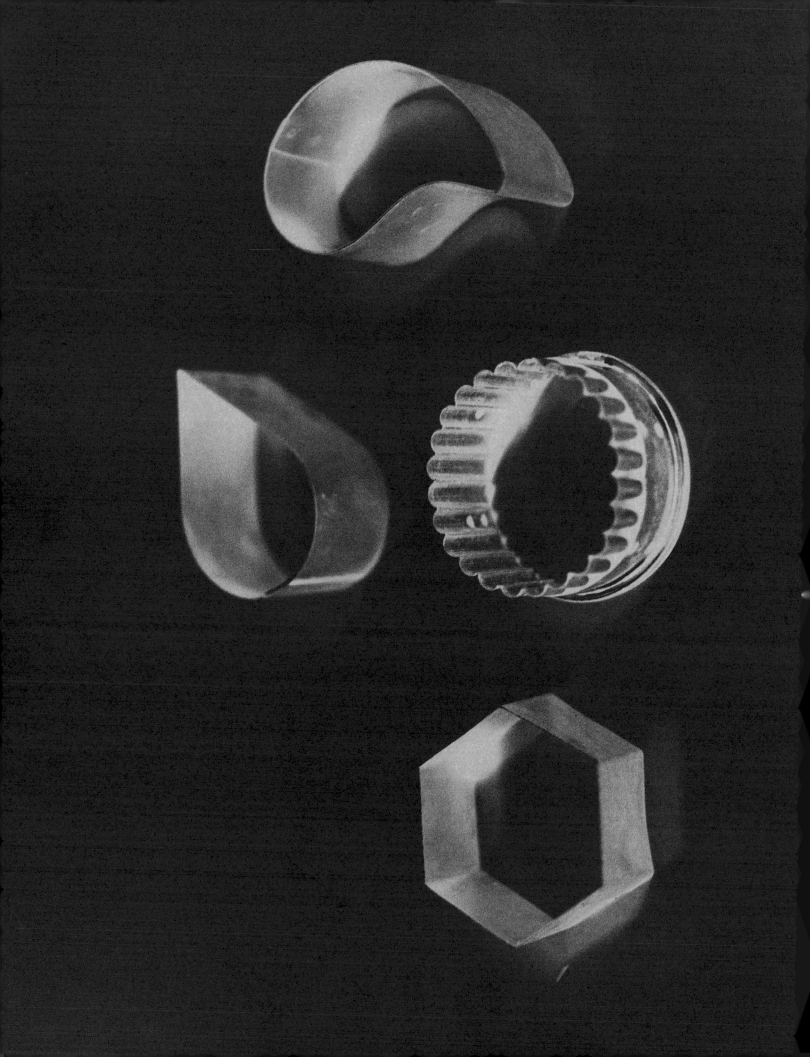

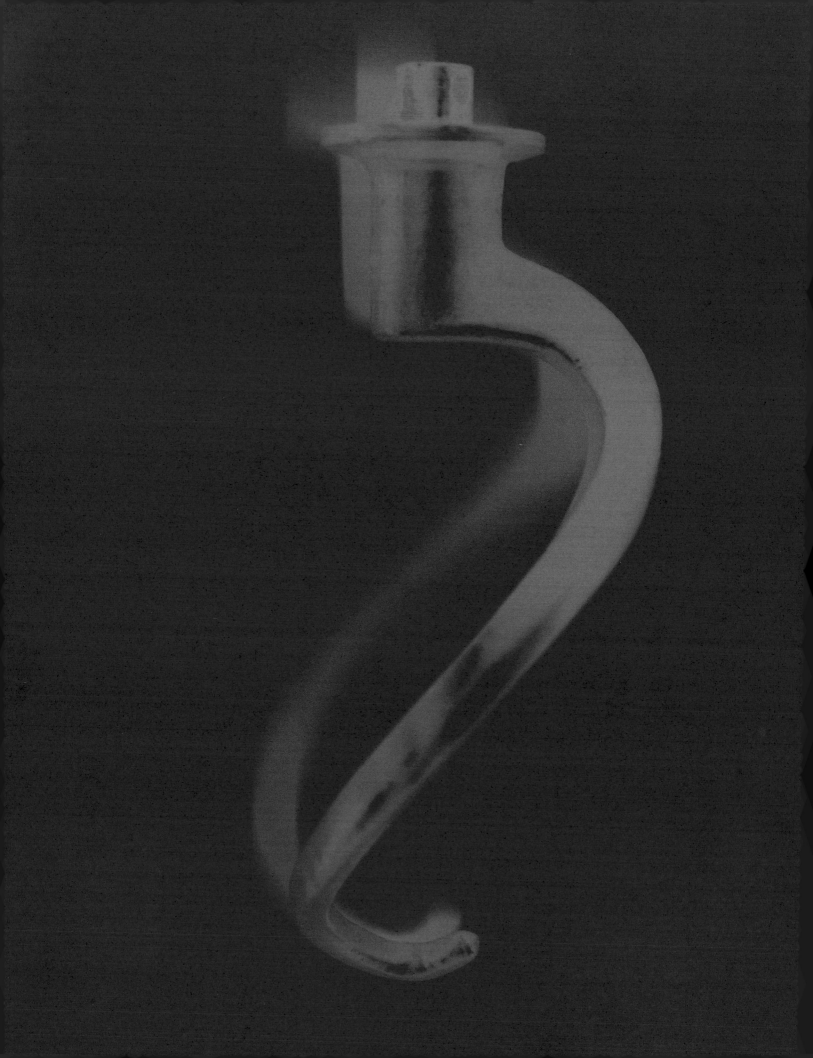

voile, ou que **faufiler** (« coudre à grands points ») n'est pas tout à fait la même chose que **surfiler** (« passer un fil qui chevauche le bord d'un tissu pour l'empêcher de s'effilocher ») ou **bâtir** (« assembler provisoirement deux morceaux de tissu »). De même en boulangerie, où le **pâtonnage**, qui désigne l'action de séparer des morceaux de pâte, ne doit pas être confondu avec le **façonnage** qui permet de donner des formes au pain (long, court, en boule) ni avec le **fleurage** qui consiste à saupoudrer le pain avec du son fin. Ce n'est pas un régal de cuistre que de s'adonner à ce vocabulaire qui n'est pas celui des précieux ridicules mais le lexique des artisans désignant des gestes et des actions très précises. Victor Hugo ne voulait pas dire autre chose quand il décrétait vouloir mettre « un bonnet rouge au vieux dictionnaire ». Il ne s'agissait pas d'appauvrir le français mais au contraire de faire remonter du parler populaire des artisans, des ouvriers ou des paysans, des mots-instruments, des mots-outils, destinés à « réveiller et émerveiller le français ». L'expérience n'a pas été faite mais il est à peu près certain qu'entre une couturière et un boulanger la communication serait possible par le biais du vocabulaire de leurs métiers respectifs. Pour l'exemple, en langue couture comme en langage boulanger, l'**apprêt**, qui a toujours lieu avant, désigne bel et bien la même opération consistant à apprêter une matière première (le tissu ici, la pâte là).

Mais la plus profonde connivence entre le monde de la boulangerie et l'univers de la couture passe peut être par le physique même de ceux qui s'y adonnent. Boulangers, couturières, pâtissiers, apprentis ou cousettes, c'est, à l'œil, les membres d'une même famille, reconnaissables à des manières identiques de se tenir, dans et devant leur ouvrage : penchés, courbés, pliés, tournant autour de la matière et de ses résistances, dubitatifs, inquiets, et le bonheur pétillant dans les yeux quand, des essais ratés, surgit enfin une réussite. La main à la pâte, c'est rien de le dire. Qui n'a jamais vu la fierté d'une petite main ou d'une première d'atelier lorsque d'un cauchemar de tissus surgit une robe de rêve, ne sait pas ce qu'est le sens de la belle ouvrage. Qui n'a pas partagé l'émotion d'un boulanger défournant un chef-d'œuvre de pain moulé parfaitement doré, ne peut pas mesurer la dignité, la persévérance et la modestie de ceux qu'on appelle aujourd'hui, avec un rien de condescendance folklorique, les artisans. Jean Paul Gaultier le sait bien quand il demande aux « exécutants » de son atelier que ses rêves de papier deviennent des robes de fée, et il l'a testé de nouveau en imaginant avec des boulangers-pâtissiers virtuoses que des langues de chat puissent devenir des pétales recouvrant une robe, ou que des croissants et des pains au chocolat puissent se métamorphoser en perruque façon XVIIIᵉ siècle. Jamais le terme de « laboratoire » n'aura mieux convenu pour qualifier ses expériences d'ateliers où s'est fomentée la réalisation de ce qui pouvait passer à l'origine pour une tocade (« que mes robes se vendent comme des petits pains ! ») mais qui s'est avéré à l'arrivée une œuvre d'art. L'humour toujours, en prime. Entre « mettre la main au panier », « coller un pain », et « elle a de belles miches la boulangère ! », JPG n'est pas le dernier à hurler de rire.

over the edge diagonally to keep the fabric from unraveling) or **tacking** (joining two pieces of fabric together temporarily). Similarly, in baking, **"pâtonnage"** (dividing up the dough) shouldn't be confused with **"façonnage"** (shaping the loaves: long, short, round) or **"fleurage"** (sprinkling the bread with finely ground bran). Taking interest in this vocabulary is not a pedantic conceit for this is not the discourse of pretentious highbrows but the words used by artisans to refer to very specific manual skills and operations. That was exactly what Victor Hugo meant when he announced his intention to revolutionize, to "put a red cap on the old dictionary". He wasn't talking about impoverishing French; on the contrary, the aim was to promote instrument-words, toolwords taken from the vernacular of artisans, workers, and peasants in order to "wake up and astound the French language". There is reason to believe—though this experiment has never been carried out—that a seamstress and a baker could communicate using the vocabulary of their respective trades. As an example, in the language of both sewing and baking, **dressing**, which is always a preliminary operation, refers to the same task of dressing or preparing the raw material (the fabric or the dough). But the kinship between the world of baking and the world of sewing is perhaps most obvious in the physique of its practitioners. If one observes them, bakers, seamstresses, pastry cooks, baker's or dressmaker's apprentices seem to belong to the same family. Their approach to their work and their creations is identical: leaning over, hunched, stooping; the way they deal with the material and its resistances; doubtful, worried, their eyes sparkling with joy when, after trial and error, they finally succeed. Their labor is definitely no piece of cake. Only those who have seen the pride on the face of a head seamstress or a dressmaker's apprentice after turning a material nightmare into a dream dress know what accomplishing "a fine piece of work" really means. Only those who have shared the emotion of a baker taking a superb, perfectly-shaped golden-brown loaf out of the oven can fully appreciate the dignity, perseverance and modesty of these master chefs whom we now call, in a sort of folklorish, condescending way, "artisans". Jean Paul Gaultier knows what it means when he asks the "hands" in his workroom to turn his dreams on paper into magnificent gowns. He was able to appreciate it once again when, working alongside talented baker-confectioners, he imagined that *langues de chat* (ladyfingers) could become petals on a dress or that croissants and chocolate-filled rolls could be transformed into 18th-century-style wigs. There is no better term than "laboratory" to describe his creative experiments, which may have seemed, at first, to be nothing but a craze ("may my dresses sell like hotcakes!"), but which ended up producing what could be called a work of art. Spiced with humor, as always. Playing with French expressions like "to feel someone's basket" (basket = derrière), "to give someone a bread" (bread = a punch), and (this one works in English) "what nice buns the baker's wife has!", JPG knows how to keep us in stitches.

Translated from French by Jennifer Kaku

La main à la pâte.
No Piece of Cake

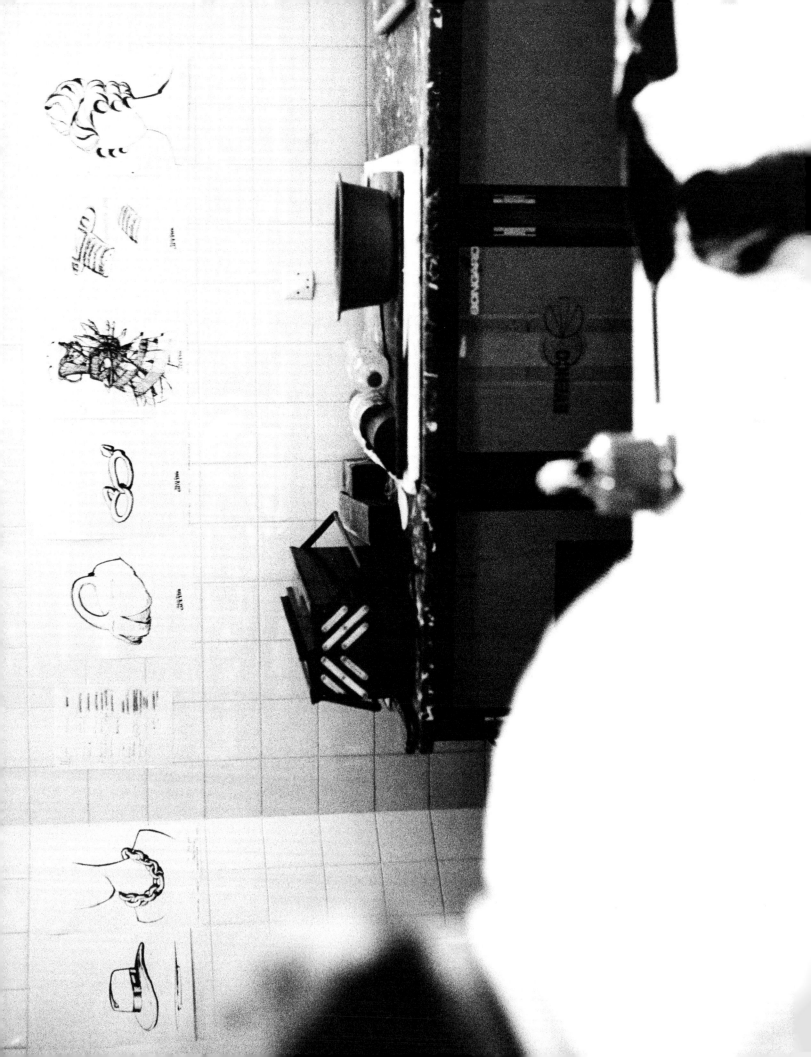

COUTURE

Dominique | Annie | Bernadette | Conceição | Camille | Ciha

Tatiana | Sophie | Fanny | Linchée | Lydie | Mini

...éline | Maria | ...çoise | Olinda | Sarah | Slo...

...urence | ...elle | Yolanta | ...ine | Amandine | A...

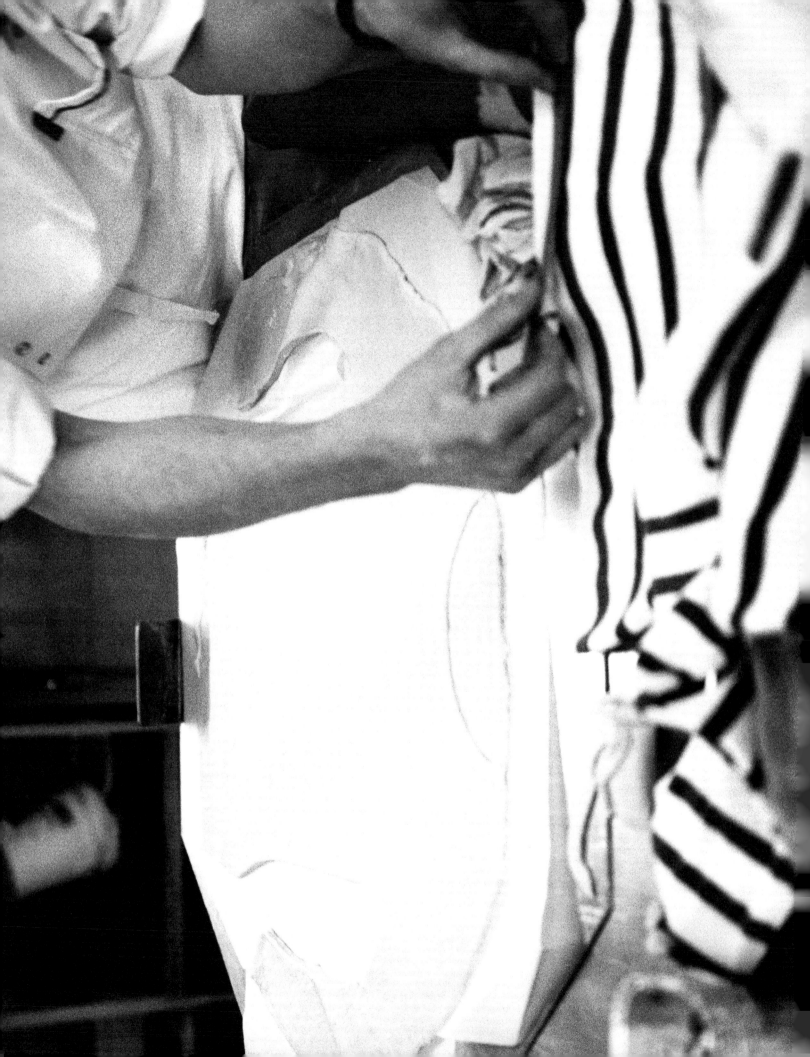

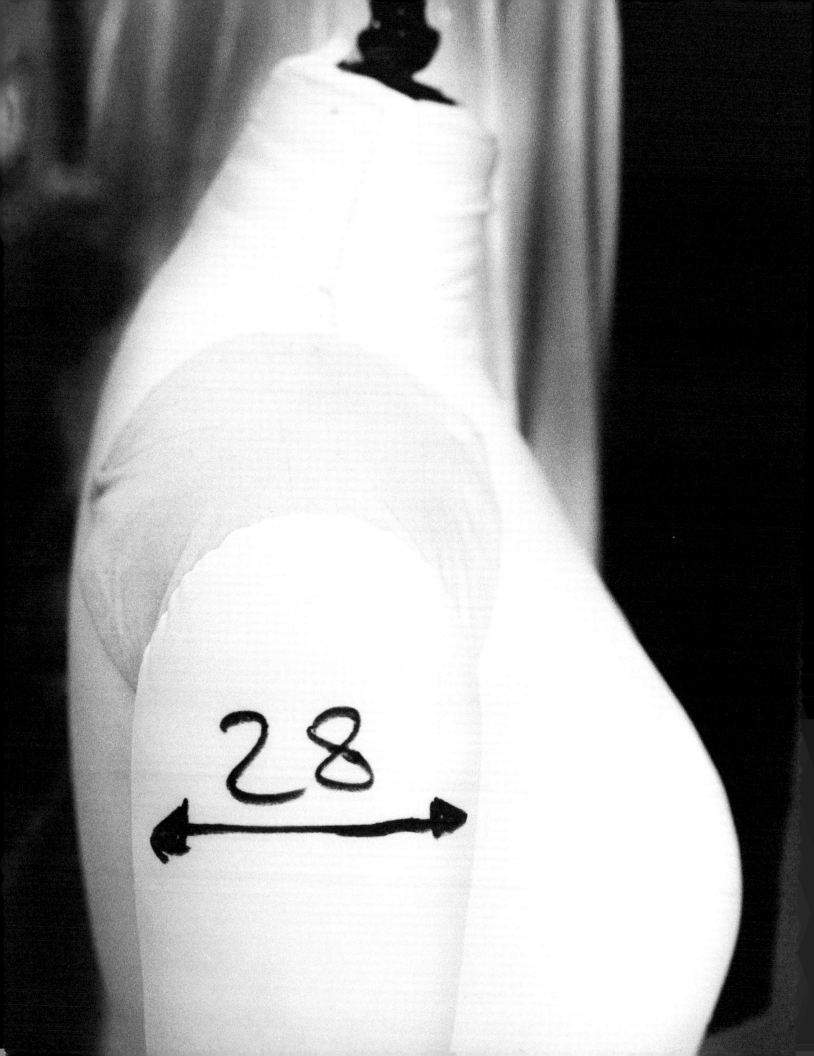

Accessoires essentiels.
Essential Accessories

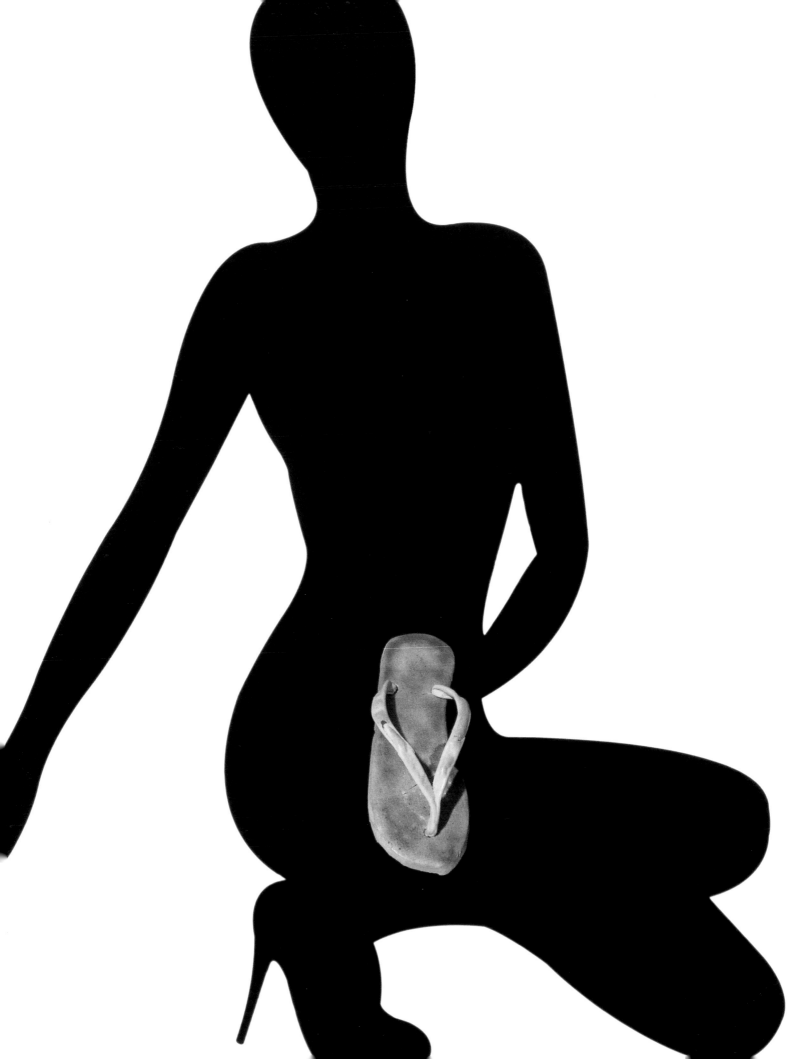

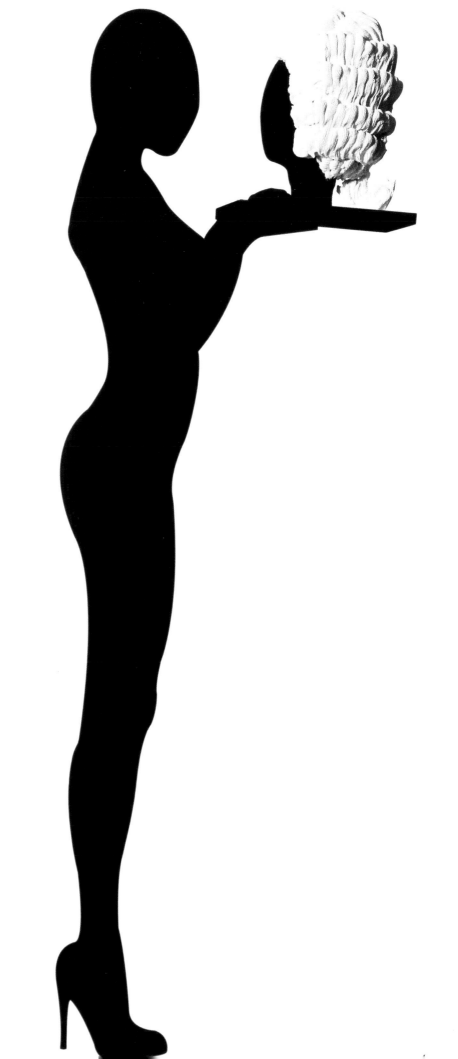

La Femme du boulanger.
The Baker's Wife

concept ennemlaghi

la nature de ce qui est présenté se laisse déduire du postulat esthétique visant à établir un nouveau rapport à l'œuvre d'art :

« l'ex-position » conçue comme « im-position » révolutionnaire.

soit l'appropriation par l'institution d'un élément a priori inesthétique de la culture populaire dont la valeur poétique se révèle par la transposition à l'intérieur du monde artistique.

l'espace de la Fondation se trouve détourné pour devenir objet primordial de la fonction esthétique. Il abrite par surcroît la multiplicité de contenus qui font le spectacle vivant d'une boulangerie stylisée.

le pain, riche de ses connotations profondes dans la mythologie française forme le matériau du volume entier en même temps que l'objet distribué pour la transfiguration en jouissance synesthésique d'un besoin vital.

Souhed Nemlaghi

concept ennemlaghi

the nature of what is shown can be deduced from the aesthetic postulate that seeks to create a new relationship to the work of art:

the "ex-position" of works conceived as a revolutionary "im-position".

in other words, the institution appropriates an ordinarily non-aesthetic element from popular culture and, transposing it into the artistic world, reveals its poetic value.

the Foundation space is altered to become the primordial object of the aesthetic function, becoming a theatre, moreover, for the many components that go into the live production of a stylized bakery.

bread, so deeply-rooted and full of symbolic value in French mythology, provides the material for the entire exhibition as well as an object offered for the transfiguration of a vital need into synaesthetic pleasure.

Souhed Nemlaghi

Remerciements.
Acknowledgments

L'exposition **Pain Couture by Jean Paul Gaultier** a été réalisée
avec le soutien de la **Chambre professionnelle des artisans boulangers-pâtissiers**

La **Fondation Cartier pour l'art contemporain** remercie **Jean Paul Gaultier** pour son enthousiasme, sa générosité et son engagement dans la conception et la réalisation de cette exposition.
Nous remercions tout spécialement

Donald Potard, Président Directeur Général de Jean Paul Gaultier, Paris

Lionel Vermeil, Directeur de la communication, Jean Paul Gaultier, Paris

Mylène Lajoix, Responsable des événements extérieurs, Jean Paul Gaultier, Paris

Luca Stoppini, pour la direction artistique du catalogue

Gérard Lefort, auteur des textes du catalogue

Stefano Pandini, photographe

Daniel Adric, pour la direction de la scénographie de l'exposition, ainsi que : **Simon Jaffrot**, **Alexandre Janssens**, **Sandra Musy**, **Colombe Lauriot Prévost**, **Reda Oussedik** et **Tony Sadr**

Ainsi que **toute l'équipe de Jean Paul Gaultier**, Paris et plus particulièrement **Fabien Esnard-Lacombe**, **Léopoldine Leparc** et **les Ateliers Jean Paul Gaultier**

Pain Couture by Jean Paul Gaultier est une exposition inédite créée pour la Fondation Cartier pour l'art contemporain sur l'idée originale de **Souhed Nemlaghi** que nous remercions sincèrement.

La Fondation Cartier adresse ses remerciements les plus chaleureux à **Jacques Mabille**, Président de la **Chambre Professionnelle des artisans boulangers-pâtissiers**, dont les conseils et l'engagement ont été décisifs pour la bonne réalisation de cette exposition.

Nous remercions vivement les professionnels boulangers qui, grâce à leur connaissance, leur savoir-faire et leur talent, ont fabriqué les robes et les accessoires en pain :

Équipe de France de boulangerie / Meilleurs Ouvriers de France
Christian Vabret, Président
Alfred Blortz
Bernard Burban, Compagnon du Devoir
Jean-Louis Clément
Bruno Cormoret
Carlos De Oliveira, Compagnon du Devoir
Patrick Ferrand
Éric Ferraton
Frédéric Lalos, Compagnon du Devoir
Thierry Meunier, Compagnon du Devoir
Pierre Nury
Jacques Souilhat
Pascal Tepper

École Française de Boulangerie, Aurillac
Nathalie Breuil, assistante

École de boulangerie et de pâtisserie de Paris, Paris
Jocelyne Gantois, Directrice
Bernard Leblanc, formateur en boulangerie et finaliste au Concours du Meilleur Ouvrier de France en boulangerie de 2000 et 2004

Les Compagnons du Devoir, Paris
Sébastien Crouzat
Lionel Odic
Belsa Vincent

La Fondation Cartier remercie, pour son implication dans l'exposition, les **Grands Moulins de Paris** qui ont offert les baguettes nécessaires à la décoration du rez-de-chaussée et assuré l'approvisionnement en farine du fournil pendant toute la durée de l'exposition
Olivier Pauwels, Direction Usine
Laurent Le Gaudu, Directeur Commercial

Nous remercions également
L'**Union des fabricants français d'équipement pour la boulangerie et la pâtisserie**, pour leur concours dans la constitution du fournil
Jean-Paul Broutin, Directeur

Pour la maîtrise d'exécution avec laquelle ont été réalisés tous les éléments en osier de l'exposition, nous saluons
Les Vanneries de Villaines, Villaines-les-Rochers
Daniel Martin, Président

Nous remercions également tous ceux qui, par leurs conseils et leur disponibilité, ont contribué à la réussite de cette exposition :
Francis Holder
L'**École Nationale Supérieure des Arts Décoratifs** :
Patrick Raynaud, Directeur et les **étudiants de troisième année**
Écoles Grégoire Ferrandi :
Christian Foucher, Département Commerce et Distribution
Claude Binet, Boulanger-pâtissier
Basia Embiricos

Que soient tout particulièrement remerciées les personnes qui ont apporté leur concours à la réalisation des photographies de ce catalogue :

Suzanne von Aichinger, qui a très amicalement accepté de se prêter à la mise en scène des photographies du chapitre « Suzanne à la boulangerie »
Maquillage : **José Sanchez**, Studio 57
Coiffure : **Hugo Raiah**, Atelier 68
Le Moulin de la Vierge, Paris : **Basil Kamir**, **Elie Collomb** et le personnel de la boutique du 35, rue Violet
Poilâne, Paris : **Apollonia Poilâne**, **Geneviève Brière** et le personnel de la boutique du 8, rue du Cherche-Midi

Jovanka Sopalovic, qui s'est glissée avec humour dans la mystérieuse silhouette présentant les « Accessoires essentiels »

ainsi que **Ilaria Orsini**, **Jean-Marc Vialtel** et **Raphaël Creton** qui ont assisté Stefano Pandini au cours de ces prises de vue

Enfin, un grand merci à Elena Foglino de Stoppini S.R.L., Milan, et à Sébastien Donadieu pour leur aide dans ce projet.

Cet ouvrage est publié à l'occasion de l'exposition **Pain Couture by Jean Paul Gaultier**, présentée à la Fondation Cartier pour l'art contemporain à Paris, du 6 juin au 10 octobre 2004.

Direction : **Hervé Chandès**
Organisation de l'exposition : **Leanne Sacramone**,
Virginie Bergeron ; stagiaire : **Cindy Schwartz**
Éditions : **Sophie Perceval** assistée de **Adeline Pelletier**
Traduction français-anglais : **Jennifer Kaku**

Fondation Cartier pour l'art contemporain
Directeur : **Hervé Chandès**
Secrétaire générale : **Claire Livrozet** assistée de **Magali Bourcy**
Assistante du directeur : **Virginie Bergeron**
Conservateurs : **Hélène Kelmachter**, **Grazia Quaroni**,
Leanne Sacramone
Logistique : **Corinne Bocquet** ; stagiaire : **Vanille Siméon**
Les Soirées Nomades : **Isabelle Gaudefroy** assistée de
Frédérique Mehdi ; stagiaire **Audrey Illouz**
Service de presse : **Linda Chenit** assistée de **Sandrine Mahaut**
Site internet / fondation.cartier.com : **Juliette Mage**
Librairie, relations avec le public : **Vania Merhar**
Secrétariat : **Ursula Thai**
Gestion du personnel, comptabilité : **Françoise Vagné** assistée
de **Cornélia Cernéa**
Services généraux : **François Romani**
Installation des œuvres : **Gilles Gioan**

Éditions Actes Sud
Directrice générale : **Françoise Nyssen**
Directeur financier et commercial : **Jean-Paul Capitani**
Directrice de la communication : **Estelle Lemaître**
Secrétaire générale : **Alzira Martins**
Fabrication : **Géraldine Lay**

Photographies : **Stefano Pandini** pour la Fondation Cartier
pour l'art contemporain, Paris
P. 13, et 17 : boulangerie **Poilâne**, Paris 6ᵉ ; p. 9 et 11, 15 et 19 :
boulangerie **Le Moulin de la Vierge**, Paris 15ᵉ ; p. 35, 44, 46, 47,
52, 54, 57, 59, 61, 62 et 66 : **Les Compagnons du Devoir**, Paris ;
p. 36, 39, 40, 43, 49, 58, 60, 65 et 69 : **École Française de
Boulangerie**, Aurillac ; p. 37, 38, 41, 42, 45, 48, 50, 51, 53, 55, 56,
63, 64, 67, 68 : **Jean Paul Gaultier**, Paris

L'exposition **Pain Couture by Jean Paul Gaultier** est organisée
avec le soutien de la **Fondation Cartier** pour l'art contemporain,
placée sous l'égide de la **Fondation de France**,
et avec le parrainage de la **Société Cartier**.

Ouvrage reproduit et achevé d'imprimer en mai 2004 par
l'imprimerie **Le Govic** à Nantes pour le compte de la
Fondation Cartier pour l'art contemporain, 261 boulevard
Raspail 75014 Paris, et des Éditions Actes Sud, Le Méjan,
Place Nina Berberova, 13200 Arles
Photogravure : **Les artisans du Regard**, Paris
Reliure : **SIRC**, Marigny-Le-Châtel